22 Juin 1906 V

Me Gustave COULON

COMMISSAIRE-PRISEUR

12 *Rue de la Victoire,* 12

OBJETS D'ART

DU JAPON ET DE LA CHINE

NETZKÉ, GARDES DE SABRES, BRONZES

CÉRAMIQUE, BOIS SCULPTÉS

PEINTURES ET ESTAMPES

OBJETS D'ART DIVERS

ÉTAINS — BOIS SCULPTES — ROUETS

VENTE
le Vendredi 22 Juin 1906
A 2 HEURES
HOTEL DROUOT — SALLE N° 9

EXPOSITION PUBLIQUE
le Jeudi 21 Juin 1906
DE 2 HEURES A 6 HEURES

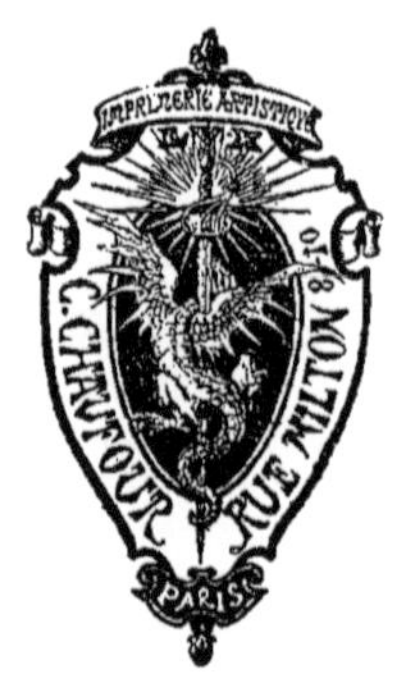
IMPRIMERIE ARTISTIQUE
C. CHAUFOUR
RUE MILTON
PARIS

CONDITIONS DE LA VENTE

Elle sera faite au comptant.

Les acquéreurs paieront 10 0/0 en sus des enchères.

L'exposition mettant le public à même de se rendre compte de l'état des objets, il ne sera admis aucune réclamation une fois l'adjudication prononcée.

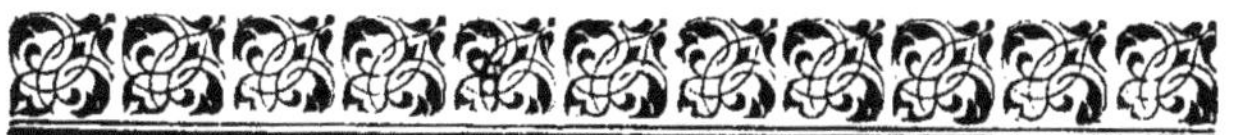

DESIGNATION

NETZKÉ

1 — Un netzké ivoire : masque.

2 — Un netzké ivoire : masque.

3 — Un netzké bois : masque d'Okamé. Signé Ikkan.

4 — Un netzké bois : masque de Kinghio. Signé Ikkan.

5 — Un netzké bois : masque d'Okina. Signé Démé Toman.

6 — Un netzké ivoire peint : masque d'Oni, doublé d'un masque d'Okamé. Signé Ichisu.

7 — Un netzké ivoire : masque burlesque.

8 — Un netzké ivoire : masque de Hannia.

9 — Un netzké os : masque de lépreux.

10 — Un netzké bronze : masque de Hannia.

11 — Un netzké bois : groupe de trois masques.

12 — Un netzké bouton en ivoire, plaque en shibuichi, ciselée d'un Boudha.

13 — Un netzké bouton en ivoire, plaque en shibuichi, ciselée d'un Manzaï dansant sur l'extrémité d'un doigt.

14 — Un netzké bouton en ivoire, plaque en shibuichi, ciselée d'une Okamé. Signé TEMMIN.

15 — Un netzké bouton en ivoire, plaque en shakudo, ciselée d'un oiseau. Signé IKKA.

16 — Un netzké bois : Personnage couché sur une table de gò.

17 — Un netzké bois : Le dieu Fukurukuju.

18 — Un netzké bois : Chat couché dans une coquille d'awabi.

19 — Un netzké bois : Fleur de lotus.

20 — Un netzké bois peint : Guerrier armé d'un fauchard.

21 — Un netzké bois : Le dieu Jiurojin.

22 — Un netzké ivoire : Tengu sortant de l'œuf.

23 — Un netzké ivoire : Rat dans une corbeille. Signé MASAKAZU.

24 — Un netzké ivoire : Singe et fruit.

25 — Un netzké ivoire : Personnage sciant une énorme courge. Signé MASATSUGU.

26 — Un netzké ivoire : Le dieu du tonnerre tapant à tour de bras sur son tambour.

27 — Un netzké ivoire : Les deux inséparables Kanzan et Jitoku, lisant un makiyémono. Signé YOSHITOMO.

28 — Un netzké ivoire : Manzaï dansant.

29 — Un netzké ivoire : Crapaud sur un morceau de bambou.

30 — Un netzké ivoire : Trois pêcheurs sortant d'une corbeille à poissons où ils ont passé la nuit.

31 — Un netzké ivoire : Le Tekkaï-Sennin.

32 — Un netzké ivoire : Shishi sur un socle.

33 — Un netzké ivoire : Singe sur un rocher.

34 — Un netzké ivoire : Deux enfants dansant la danse du shishi, tandis que le père chante en s'accompagnant sur un tambourin. Signé GHIOKUKOSAÏ.

TABATIÈRES CHINOISES

35 — Une tabatière en verre de deux tons, décor de caractères.

36 — Une tabatière en verre de deux tons, décor fleurs et animaux.

37 — Une tabatière en verre de deux tons, décor oiseaux et bambous.

38 — Une tabatière en verre de deux tons, décor fleurs et oiseaux.

39 — Une tabatière en verre de deux tons, décor jardinières fleuries.

40 — Une tabatière en verre de deux tons, décor rosace.

41 — Une tabatière en verre peint à l'intérieur.

42 — Une tabatière en verre peint à l'intérieur

43 — Une tabatière en verre peint à l'intérieur.

44 — Une tabatière en verre peint à l'intérieur.

GARDES DE SABRES

45 — Une garde en fer, quadrilobée, ciselée d'une chaumière et de meules.

46 — Une garde en fer, ronde, ajourée de plantes d'aoï et de sagittaires baignant dans l'eau, et de trois oiseaux volant.

47 — Une garde en fer, ronde, en forme de roue.

48 — Une garde en fer, ronde, ajourée d'aubergines.

49 — Une garde en fer, ronde, ajourée d'une haie et d'un prunier en fleurs.

50 — Une garde en fer, quadrilobée, ciselée et incrustée de mâts et de pins.

51 — Une garde en fer, quadrilobée, ciselée et incrustée de fleurs et de feuillages.

52 — Une garde en fer, quadrilobée, ciselée et incrustée de fleurs et de feuillages.

53 — Une garde en fer ronde, ajourée d'oiseaux au vol.

54 — Une garde en fer ronde, ajourée et ciselée d'oiseaux et d'épis.

55 — Une garde en fer ovale, ciselée et incrustée de vignes sauvages.

56 — Une garde en fer ronde, ajourée des deux roues et du brancard d'un chariot. Signé To-SHISADA.

57 — Une garde en fer ovale, ajourée et ciselée d'un dragon et de flots.

58 — Une garde en fer ovale, ciselée de vignes sauvages.

59 — Une garde en fer ronde, ajourée d'épis.

60 — Une garde en fer ovale, ajourée d'une tortue.

61 — Une garde en fer, ajourée d'une grue stylisée.

62 — Une garde en sentoku, ciselée et incrustée de flots et d'oiseaux.

63 — Une garde en shakudo, ciselée et incrustée de chrysanthèmes et de papillons.

64 — Une garde en sentoku, ciselée d'un paysage montagneux.

65 — Une garde en sentoku quadrilobée, incrustée d'une branche de prunier.

BOIS SCULPTÉS

66 — Une divinité assise sur la fleurs de lotus. Bois doré.

67 — Une divinité debout. Bois doré.

68 — Une tablette votive, accostée de dragons et surmontée d'une frise représentant un dragon dans les nuées. Socle décoré d'oves. Bois doré. Travail chinois.

69 — Une divinité assise sur la fleur de lotus. Bois doré. Socle laqué noir.

70 — Chapelle boudhique laquée noir extérieurement et dorée à l'intérieur; elle renferme, derrière deux colonnes, une statuette d'Amida en bois doré, sur socle laqué rouge.

70 *bis* — Une statuette en bois sculpté, représentant un Dharma jouant avec un jeune tigre. Travail chinois.

BRONZES

71 — Une statuette représentant Boudha enfant. Chine.

72 — Une statuette représentant Boudha enfant. Bronze laqué et doré. Chine.

73 — Une statuette représentant un dignitaire. Bronze doré. Chine.

74 — Une statuette représentant un Bodisatwa. Bronze doré. Chine. Pièce datée du Nien-hao : Hung-Ché (1488-1506).

75 — Une statuette représentant Amida assis sur la fleur de lotus. Bronze doré et polychromé. Chine.

76 — Une statuette représentant la divinité Amitayus. Thibet.

77 — Une statuette représentant la divinité Amitayus. Bronze partiellement doré. Thibet.

78 — Une statuette représentant la divinité Amitayus. Bronze partiellement doré. Thibet.

79 — Une statuette représentant la divinité Amitayus. Bronze partiellement doré. Thibet.

80 — Une statuette représentant Avalokiteçvara. Bronze doré. Thibet.

81 — Une statuette représentant Cakiyamuni. Thibet.

82 — Une statuette représentant Amitayus. Thibet.

LAQUES

83 — Une boite à poésies, décorée en laque d'or et en laque rouge de branches fleuries sur fond aventuriné.

84 — Un boîte à papier, laque noir, décorée en laque d'or sur le couvercle d'un coq, d'une poule et de poussins parmi des bambous et des chrysanthèmes. Sur le pourtour, des grues et des pins.

85 — Une boîte à parfums, de forme cylindrique. à compartiments superposés. Décor or de pruniers et de sapins sur fond noir.

86 — Une boîte à parfums, de forme cylindrique, à compartiments superposés. Décor or de pruniers et de bambous sur fond aventuriné.

87 — Une boîte à cendres, mi-partie laque noir et aventurine. Décor de motifs géométriques et d'armoiries.

88 — Un inro à trois cases, décoré d'un crapaud et d'un croissant de lune en étain sur fond noir.

89 — Un inro à quatre cases, décoré en or de tortues sur fond aventuriné. Signé Jokasaï.

90 — Un inro à trois cases, décoré en or et en burgau d'un motif de pivoines sur fond de laque noir.

91 — Un inro à trois cases, décoré en or et en burgau de dragons sur fond de laque noir.

92 — Un inro à trois cases, décoré de papillons, de fleurs et d'insectes en burgau et en laque d'or sur fond aventuriné.

93 — Un netzké bouton. Décor de graminées sur fond de laque d'or.

94 — Un netzké bouton. Décor de masques en laque d'or sur bois laqué. Signé Ghiokushiu.

95 — Un netzké bouton laque noir, décoré en or d'un oiseau parmi des glycines. Signe Kajikawa.

CÉRAMIQUE

96 — Un vase couverte blanche, surémaillée de brun vers le col. Grès de Banko.

97 — Une bouteille couverte café au lait, avec coulées d'émail brun partant du goulot. Kiyoto.

98 — Un vase de forme carrée, porcelaine à couverte aubergine.

99 — Un vase à anses. Céladon.

100 — Un vase forme gourde, porcelaine, à couverte réséda, surémaillée de bleu turquoise au col. Makuzu.

101 — Une statuette en grès de Bizen, représentant un Sennin tenant une gourde.

102 — Une statuette en grès de Bizen, représentant l'apôtre Darma, tenant le hoshiu.

103 — Une statuette en terre cuite vernissée, représentant Amida assis.

103 *bis* — Une statue représentant un personnage chinois. Terre cuite décorée en polychrome.

103 *ter* — Une statue représentant une dame chinoise. Terre cuite décorée en polychrome.

PEINTURES ET ESTAMPES

104 — Une estampe encadrée, traitée à la manière des OSHI-YÉ. Sur un fond aquarellé, on voit un daïmio et une porteuse d'eau dessinés par des applications de morceaux d'étoffes.

105 — Une estampe similaire montrant une jeune femme qui porte une branche de glycine.

106 — Un dessin aquarellé, encadré. Sur une terrasse, une jeune femme en costume léger. Style de Harunobu.

107 — Un dessin aquarellé. Deux jeunes femmes. L'une est assise tenant un TANZAKU (bande de papier sur laquelle on écrit une poésie. L'autre, du bord de la terrasse, verse l'eau d'un vase à fleur. Style de Harunobu.

108 — Une peinture chinoise sur papier de riz représentant des poissons. Encadrée.

109 — Une peinture chinoise sur papier de riz représentant des papillons. Encadrée.

110 — Une peinture chinoise sur papier de riz représentant des oiseaux dans un paysage fleuri. Encadrée.

111 — Une peinture tibétaine sur soie, encadrée, représentant trois divinités.

112 — Une peinture chinoise collée sur carton. Le dieu Kouan-ti, armé d'un fauchard.

113 — Une peinture chinoise collée sur carton. Serviteur de Kouan-ti portant une lance.

114 — Une peinture chinoise sur papier, encadrée. Les neuf déesses. Derrière elles leurs dix servants. Au premier plan on voit trois enfants se livrant à des ablutions.

115 — Une estampe japonaise encadrée. Jeune femme auprès d'une haie fleurie. Par HIROSHIGHÉ.

116 — Une estampe japonaise encadrée. Jeune femme auprès d'une haie fleurie de chrysanthèmes Par HIROSHIGHÉ.

117 — Une estampe japonaise encadrée. Jeune femme auprès d'une haie fleurie de chrysanthèmes. Par HIROSHIGHÉ.

118 — Une estampe japonaise encadrée. Jeune femme auprès d'une haie fleurie d'hortensias. Par HIROSHIGHÉ.

119 — Une estampe japonaise encadrée. Jeune femme armée d'un fauchard. Par HOKSHIU.

120 — Une estampe japonaise encadrée. Personnage portant une lanierne. Par Toyokuni.

121 — Une estampe japonaise encadrée. Personnage armé de deux sabres. Par Toyokuni.

122 — Une estampe japonaise encadrée. Portrait d'acteur. Par Shunsho.

123 — Une estampe japonaise encadrée. Courtisane. Par Yeisen.

124 — Une estampe japonaise encadrée. Courtisane. Par Yeisen.

125 — Une estampe japonaise encadrée. Jeune femme portant des vêtements et un rouleau d'écriture. Par Hiroshighé.

126 — Une estampe japonaise encadrée. Deux courtisanes avec leurs Kamuro. Par Yeisui.

127 — Une estampe japonaise encadrée. Jeune daïmio escorté de deux suivantes. Par Yeiri.

128 — Une estampe japonaise encadrée. La fète des lanternes. Par Utamaro.

129 — Une estampe japonaise encadrée. Portrait d'acteur en femme. Par Kunisada.

130 — Une estampe japonaise encadrée. Jeune femme écrivant; derrière elle sa servante. Par UTAMARO.

131 — Une estampe japonaise encadrée. Portrait de courtisane. Par UTAMARO.

132 — Une estampe japonaise encadrée. Portrait d'acteur.

133 — Une estampe japonaise encadrée. Portrait de courtisane. Par YEISEN.

134 — Une estampe japonaise encadrée de la série des 36 vues du Fuji. Par HIROSHIGHÉ.

135 — Une estampe japonaise encadrée. Courtisane. Par YEISEN.

136 — Une estampe japonaise encadrée. Trois jeunes femmes dans un paysage fleuri. Par SHUNZAN.

137 — Une estampe japonaise encadrée. Jeune femme jouant du *koto*. Auprès d'elle une servante. On aperçoit dans le fond deux personnages jouant le jeu de gô. Par TOYOHIRO.

138 — Une estampe japonaise encadrée. Mousmé apportant à deux dames de la neige sur un plateau. Par YEIZAN.

139 — Un dessin à l'encre de Chine sur papier, encadré, représentant un paysage. Style de HIROSHIGHÉ.

140 — Une estampe japonaise encadrée. Guerrier à cheval.

141 — Une estampe japonaise encadrée. Trois jeunes femmes jouant au volant. Par SADATORA.

142 — Une estampe japonaise encadrée. Fête de nuit au Yoshiwara. Par HIROSHIGHÉ.

143 — Une estampe japonaise encadrée. Jeune femme accoudée sur une table. Par KUNIYOSHI.

144 — Une estampe japonaise encadrée. Une maman regardant sa fillette jouant avec des poissons rouges. Par UTAMARO.

145 — Une estampe japonaise encadrée. Femme à cheval et serviteur. Par HOK'SAI.

146 — Une estampe japonaise encadrée. Paysan faisant boire son cheval. Par HOK'SAI.

147 — Une estampe japonaise encadrée. Promenade au bord de la mer. Par YEIZAN.

148 — Un dessin aquarellé encadré. Personnage tenant une *biwa* dans sa housse. Style de HOK'SAI.

149 — Un dessin aquarellé encadré. Oie sauvage. Style de HOK'SAI.

150 — Une estampe japonaise encadrée. Portrait d'acteur vêtu en femme. Par SHUNYEI.

151 — Une estampe japonaise encadrée. Acteur portant un sabre sur l'épaule. Par TOYOKUNI.

152 — Une estampe japonaise encadrée. Jeune femme et bébé Par KIKUMARO.

153 — Une estampe japonaise encadrée. Estampe enluminée. Par OKUMURA MASANOBU.

154 — Une estampe japonaise encadrée. Portrait de lutteur. Par SHUNYEI.

OBJETS DIVERS

155 — Un plat arabe en cuivre repoussé, décoré sur fond d'émail turquoise de fleurs et d'oiseaux en émaux polychromes.

156 — Un plat d'étain à bords festonnés.

157 — Un broc d'étain avec marques.

158 — Un broc d'étain avec marques et écusson vaudois.

159 — Un broc d'étain avec marques et daté 1787.

160 — Un broc d'étain avec marques et cachet de L. Coldners, Vevey.

161 — Un broc d'étain avec marques et cachet.

162 — Un grand broc d'étain avec marques, cachet et écusson vaudois. Daté 1854.

163 — Une Vierge à l'Enfant, bois sculpté.

164 — Un rouet avec la quenouille sur pied.

165 — Un rouet avec la quenouille sur pied.

www.ingramcontent.com/pod-product-compliance
Ingram Content Group UK Ltd.
Pitfield, Milton Keynes, MK11 3LW, UK
UKHW022155260726
13993UKWH00005B/2381